中华人民共和国
货物进出口管理条例

中国法制出版社

目　　录

中华人民共和国国务院令（第777号）　……（1）

国务院关于修改和废止部分行政法规的决定

　（节录）　…………………………………（2）

中华人民共和国货物进出口管理条例　………（5）

中华人民共和国国务院令

第 777 号

《国务院关于修改和废止部分行政法规的决定》已经 2024 年 2 月 2 日国务院第 25 次常务会议通过,现予公布,自 2024 年 5 月 1 日起施行。

总理　李强

2024 年 3 月 10 日

国务院关于修改和废止部分行政法规的决定（节录）

为贯彻落实党的二十大和二十届二中全会精神，落实党和国家机构改革精神，完整、准确、全面贯彻新发展理念，加快构建新发展格局，着力推动高质量发展，国务院对涉及的行政法规进行了清理。经过清理，国务院决定：

一、对8部行政法规的部分条款予以修改。（附件1）

二、对13部行政法规予以废止。（附件2）

本决定自2024年5月1日起施行。

附件：1. 国务院决定修改的行政法规
      2. 国务院决定废止的行政法规

附件1

国务院决定修改的行政法规（节录）

……

八、将《中华人民共和国货物进出口管理条例》第八条第一款、第三十三条第一款中的"对外贸易法第十七条"修改为"对外贸易法第十六条"，第十条第一款、第三十五条第一款中的"对外贸易法第十六条"修改为"对外贸易法第十五条"，第五十七条中的"对外贸易法第十六条、第十七条"修改为"对外贸易法第十五条、第十六条"。

删去第六十四条、第六十六条中的"国务院外经贸主管部门并可以撤销其对外贸易经营许可"，第六十五条、第六十八条中的"国务院外经贸主管部门并可以暂停直至撤销其对外贸易经营许可"，第六十七条中的"国务院外经贸主管部门可以暂停直至撤销其对外贸易经营许可"。

第六十八条中的"工商行政管理机关"修改为"市场监督管理部门"。

此外,对相关行政法规中的条文序号作相应调整。

中华人民共和国
货物进出口管理条例

（2001年12月10日中华人民共和国国务院令第332号公布 根据2024年3月10日《国务院关于修改和废止部分行政法规的决定》修订）

第一章 总 则

第一条 为了规范货物进出口管理，维护货物进出口秩序，促进对外贸易健康发展，根据《中华人民共和国对外贸易法》（以下简称对外贸易法）的有关规定，制定本条例。

第二条 从事将货物进口到中华人民共和国关

境内或者将货物出口到中华人民共和国关境外的贸易活动，应当遵守本条例。

第三条 国家对货物进出口实行统一的管理制度。

第四条 国家准许货物的自由进出口，依法维护公平、有序的货物进出口贸易。

除法律、行政法规明确禁止或者限制进出口的外，任何单位和个人均不得对货物进出口设置、维持禁止或者限制措施。

第五条 中华人民共和国在货物进出口贸易方面根据所缔结或者参加的国际条约、协定，给予其他缔约方、参加方最惠国待遇、国民待遇，或者根据互惠、对等原则给予对方最惠国待遇、国民待遇。

第六条 任何国家或者地区在货物进出口贸易方面对中华人民共和国采取歧视性的禁止、限制或者其他类似措施的，中华人民共和国可以根据实际情况对该国家或者地区采取相应的措施。

第七条 国务院对外经济贸易主管部门（以

下简称国务院外经贸主管部门)依照对外贸易法和本条例的规定,主管全国货物进出口贸易工作。

国务院有关部门按照国务院规定的职责,依照本条例的规定负责货物进出口贸易管理的有关工作。

第二章 货物进口管理

第一节 禁止进口的货物

第八条 有对外贸易法第十六条规定情形之一的货物,禁止进口。其他法律、行政法规规定禁止进口的,依照其规定。

禁止进口的货物目录由国务院外经贸主管部门会同国务院有关部门制定、调整并公布。

第九条 属于禁止进口的货物,不得进口。

第二节 限制进口的货物

第十条 有对外贸易法第十五条第(一)、

(四)、(五)、(六)、(七)项规定情形之一的货物,限制进口。其他法律、行政法规规定限制进口的,依照其规定。

限制进口的货物目录由国务院外经贸主管部门会同国务院有关部门制定、调整并公布。

限制进口的货物目录,应当至少在实施前21天公布;在紧急情况下,应当不迟于实施之日公布。

第十一条 国家规定有数量限制的限制进口货物,实行配额管理;其他限制进口货物,实行许可证管理。

实行关税配额管理的进口货物,依照本章第四节的规定执行。

第十二条 实行配额管理的限制进口货物,由国务院外经贸主管部门和国务院有关经济管理部门(以下统称进口配额管理部门)按照国务院规定的职责划分进行管理。

第十三条 对实行配额管理的限制进口货物,进口配额管理部门应当在每年7月31日前公布下一年度进口配额总量。

配额申请人应当在每年8月1日至8月31日向进口配额管理部门提出下一年度进口配额的申请。

进口配额管理部门应当在每年10月31日前将下一年度的配额分配给配额申请人。

进口配额管理部门可以根据需要对年度配额总量进行调整，并在实施前21天予以公布。

第十四条 配额可以按照对所有申请统一办理的方式分配。

第十五条 按照对所有申请统一办理的方式分配配额的，进口配额管理部门应当自规定的申请期限截止之日起60天内作出是否发放配额的决定。

第十六条 进口配额管理部门分配配额时，应当考虑下列因素：

（一）申请人的进口实绩；

（二）以往分配的配额是否得到充分使用；

（三）申请人的生产能力、经营规模、销售状况；

（四）新的进口经营者的申请情况；

（五）申请配额的数量情况；

（六）需要考虑的其他因素。

第十七条 进口经营者凭进口配额管理部门发放的配额证明，向国务院外经贸主管部门申领进口配额许可证。国务院外经贸主管部门应当自收到申请之日起3个工作日内发放进口配额许可证。

进口经营者凭国务院外经贸主管部门发放的进口配额许可证，向海关办理报关验放手续。

第十八条 配额持有者未使用完其持有的年度配额的，应当在当年9月1日前将未使用的配额交还进口配额管理部门；未按期交还并且在当年年底前未使用完的，进口配额管理部门可以在下一年度对其扣减相应的配额。

第十九条 实行许可证管理的限制进口货物，进口经营者应当向国务院外经贸主管部门或者国务院有关部门（以下统称进口许可证管理部门）提出申请。进口许可证管理部门应当自收到申请之日起30天内决定是否许可。

进口经营者凭进口许可证管理部门发放的进口许可证,向海关办理报关验放手续。

前款所称进口许可证,包括法律、行政法规规定的各种具有许可进口性质的证明、文件。

第二十条 进口配额管理部门和进口许可证管理部门应当根据本条例的规定制定具体管理办法,对申请人的资格、受理申请的部门、审查的原则和程序等事项作出明确规定并在实施前予以公布。

受理申请的部门一般为一个部门。

进口配额管理部门和进口许可证管理部门要求申请人提交的文件,应当限于为保证实施管理所必需的文件和资料,不得仅因细微的、非实质性的错讹拒绝接受申请。

第三节　自由进口的货物

第二十一条 进口属于自由进口的货物,不受限制。

第二十二条 基于监测货物进口情况的需要,

国务院外经贸主管部门和国务院有关经济管理部门可以按照国务院规定的职责划分，对部分属于自由进口的货物实行自动进口许可管理。

实行自动进口许可管理的货物目录，应当至少在实施前 21 天公布。

第二十三条　进口属于自动进口许可管理的货物，均应当给予许可。

第二十四条　进口属于自动进口许可管理的货物，进口经营者应当在办理海关报关手续前，向国务院外经贸主管部门或者国务院有关经济管理部门提交自动进口许可申请。

国务院外经贸主管部门或者国务院有关经济管理部门应当在收到申请后，立即发放自动进口许可证明；在特殊情况下，最长不得超过 10 天。

进口经营者凭国务院外经贸主管部门或者国务院有关经济管理部门发放的自动进口许可证明，向海关办理报关验放手续。

第四节 关税配额管理的货物

第二十五条 实行关税配额管理的进口货物目录，由国务院外经贸主管部门会同国务院有关经济管理部门制定、调整并公布。

第二十六条 属于关税配额内进口的货物，按照配额内税率缴纳关税；属于关税配额外进口的货物，按照配额外税率缴纳关税。

第二十七条 进口配额管理部门应当在每年9月15日至10月14日公布下一年度的关税配额总量。

配额申请人应当在每年10月15日至10月30日向进口配额管理部门提出关税配额的申请。

第二十八条 关税配额可以按照对所有申请统一办理的方式分配。

第二十九条 按照对所有申请统一办理的方式分配关税配额的，进口配额管理部门应当在每年12月31日前作出是否发放配额的决定。

第三十条　进口经营者凭进口配额管理部门发放的关税配额证明，向海关办理关税配额内货物的报关验放手续。

国务院有关经济管理部门应当及时将年度关税配额总量、分配方案和关税配额证明实际发放的情况向国务院外经贸主管部门备案。

第三十一条　关税配额持有者未使用完其持有的年度配额的，应当在当年9月15日前将未使用的配额交还进口配额管理部门；未按期交还并且在当年年底前未使用完的，进口配额管理部门可以在下一年度对其扣减相应的配额。

第三十二条　进口配额管理部门应当根据本条例的规定制定有关关税配额的具体管理办法，对申请人的资格、受理申请的部门、审查的原则和程序等事项作出明确规定并在实施前予以公布。

受理申请的部门一般为一个部门。

进口配额管理部门要求关税配额申请人提交的文件，应当限于为保证实施关税配额管理所必需的文件和资料，不得仅因细微的、非实质性的错讹拒绝接受关税配额申请。

第三章 货物出口管理

第一节 禁止出口的货物

第三十三条 有对外贸易法第十六条规定情形之一的货物，禁止出口。其他法律、行政法规规定禁止出口的，依照其规定。

禁止出口的货物目录由国务院外经贸主管部门会同国务院有关部门制定、调整并公布。

第三十四条 属于禁止出口的货物，不得出口。

第二节 限制出口的货物

第三十五条 有对外贸易法第十五条第（一）、（二）、（三）、（七）项规定情形之一的货物，限制出口。其他法律、行政法规规定限制出口的，依照其规定。

限制出口的货物目录由国务院外经贸主管部门会同国务院有关部门制定、调整并公布。

限制出口的货物目录，应当至少在实施前21天公布；在紧急情况下，应当不迟于实施之日公布。

第三十六条 国家规定有数量限制的限制出口货物，实行配额管理；其他限制出口货物，实行许可证管理。

第三十七条 实行配额管理的限制出口货物，由国务院外经贸主管部门和国务院有关经济管理部门（以下统称出口配额管理部门）按照国务院规定的职责划分进行管理。

第三十八条 对实行配额管理的限制出口货物，出口配额管理部门应当在每年10月31日前公布下一年度出口配额总量。

配额申请人应当在每年11月1日至11月15日向出口配额管理部门提出下一年度出口配额的申请。

出口配额管理部门应当在每年12月15日前将下一年度的配额分配给配额申请人。

第三十九条 配额可以通过直接分配的方式分配,也可以通过招标等方式分配。

第四十条 出口配额管理部门应当自收到申请之日起30天内并不晚于当年12月15日作出是否发放配额的决定。

第四十一条 出口经营者凭出口配额管理部门发放的配额证明,向国务院外经贸主管部门申领出口配额许可证。国务院外经贸主管部门应当自收到申请之日起3个工作日内发放出口配额许可证。

出口经营者凭国务院外经贸主管部门发放的出口配额许可证,向海关办理报关验放手续。

第四十二条 配额持有者未使用完其持有的年度配额的,应当在当年10月31日前将未使用的配额交还出口配额管理部门;未按期交还并且在当年年底前未使用完的,出口配额管理部门可以在下一年度对其扣减相应的配额。

第四十三条 实行许可证管理的限制出口货物，出口经营者应当向国务院外经贸主管部门或者国务院有关部门（以下统称出口许可证管理部门）提出申请，出口许可证管理部门应当自收到申请之日起30天内决定是否许可。

出口经营者凭出口许可证管理部门发放的出口许可证，向海关办理报关验放手续。

前款所称出口许可证，包括法律、行政法规规定的各种具有许可出口性质的证明、文件。

第四十四条 出口配额管理部门和出口许可证管理部门应当根据本条例的规定制定具体管理办法，对申请人的资格、受理申请的部门、审查的原则和程序等事项作出明确规定并在实施前予以公布。

受理申请的部门一般为一个部门。

出口配额管理部门和出口许可证管理部门要求申请人提交的文件，应当限于为保证实施管理所必需的文件和资料，不得仅因细微的、非实质性的错讹拒绝接受申请。

第四章　国营贸易和指定经营

第四十五条　国家可以对部分货物的进出口实行国营贸易管理。

实行国营贸易管理的进出口货物目录由国务院外经贸主管部门会同国务院有关经济管理部门制定、调整并公布。

第四十六条　国务院外经贸主管部门和国务院有关经济管理部门按照国务院规定的职责划分确定国营贸易企业名录并予以公布。

第四十七条　实行国营贸易管理的货物，国家允许非国营贸易企业从事部分数量的进出口。

第四十八条　国营贸易企业应当每半年向国务院外经贸主管部门提供实行国营贸易管理的货物的购买价格、销售价格等有关信息。

第四十九条　国务院外经贸主管部门基于维护进出口经营秩序的需要，可以在一定期限内对部分货物实行指定经营管理。

实行指定经营管理的进出口货物目录由国务院外经贸主管部门制定、调整并公布。

第五十条 确定指定经营企业的具体标准和程序，由国务院外经贸主管部门制定并在实施前公布。

指定经营企业名录由国务院外经贸主管部门公布。

第五十一条 除本条例第四十七条规定的情形外，未列入国营贸易企业名录和指定经营企业名录的企业或者其他组织，不得从事实行国营贸易管理、指定经营管理的货物的进出口贸易。

第五十二条 国营贸易企业和指定经营企业应当根据正常的商业条件从事经营活动，不得以非商业因素选择供应商，不得以非商业因素拒绝其他企业或者组织的委托。

第五章 进出口监测和临时措施

第五十三条 国务院外经贸主管部门负责对货

物进出口情况进行监测、评估,并定期向国务院报告货物进出口情况,提出建议。

第五十四条 国家为维护国际收支平衡,包括国际收支发生严重失衡或者受到严重失衡威胁时,或者为维持与实施经济发展计划相适应的外汇储备水平,可以对进口货物的价值或者数量采取临时限制措施。

第五十五条 国家为建立或者加快建立国内特定产业,在采取现有措施无法实现的情况下,可以采取限制或者禁止进口的临时措施。

第五十六条 国家为执行下列一项或者数项措施,必要时可以对任何形式的农产品水产品采取限制进口的临时措施:

(一)对相同产品或者直接竞争产品的国内生产或者销售采取限制措施;

(二)通过补贴消费的形式,消除国内过剩的相同产品或者直接竞争产品;

(三)对完全或者主要依靠该进口农产品水产

品形成的动物产品采取限产措施。

第五十七条　有下列情形之一的，国务院外经贸主管部门可以对特定货物的出口采取限制或者禁止的临时措施：

（一）发生严重自然灾害等异常情况，需要限制或者禁止出口的；

（二）出口经营秩序严重混乱，需要限制出口的；

（三）依照对外贸易法第十五条、第十六条的规定，需要限制或者禁止出口的。

第五十八条　对进出口货物采取限制或者禁止的临时措施的，国务院外经贸主管部门应当在实施前予以公告。

第六章　对外贸易促进

第五十九条　国家采取出口信用保险、出口信贷、出口退税、设立外贸发展基金等措施，促进对外贸易发展。

第六十条 国家采取有效措施，促进企业的技术创新和技术进步，提高企业的国际竞争能力。

第六十一条 国家通过提供信息咨询服务，帮助企业开拓国际市场。

第六十二条 货物进出口经营者可以依法成立和参加进出口商会，实行行业自律和协调。

第六十三条 国家鼓励企业积极应对国外歧视性反倾销、反补贴、保障措施及其他限制措施，维护企业的正当贸易权利。

第七章 法律责任

第六十四条 进口或者出口属于禁止进出口的货物，或者未经批准、许可擅自进口或者出口属于限制进出口的货物的，依照刑法关于走私罪的规定，依法追究刑事责任；尚不够刑事处罚的，依照海关法的有关规定处罚。

第六十五条 擅自超出批准、许可的范围进口或者出口属于限制进出口的货物的，依照刑法关于走私罪或者非法经营罪的规定，依法追究刑事责任；尚不够刑事处罚的，依照海关法的有关规定处罚。

第六十六条 伪造、变造或者买卖货物进出口配额证明、批准文件、许可证或者自动进口许可证明的，依照刑法关于非法经营罪或者伪造、变造、买卖国家机关公文、证件、印章罪的规定，依法追究刑事责任；尚不够刑事处罚的，依照海关法的有关规定处罚。

第六十七条 进出口经营者以欺骗或者其他不正当手段获取货物进出口配额、批准文件、许可证或者自动进口许可证明的，依法收缴其货物进出口配额、批准文件、许可证或者自动进口许可证明。

第六十八条 违反本条例第五十一条规定，擅自从事实行国营贸易管理或者指定经营管理的货物进出口贸易，扰乱市场秩序，情节严重的，依照刑法关于非法经营罪的规定，依法追究刑事责任；尚不够刑事处罚的，由市场监督管理部门依法给予行政处罚。

第六十九条　国营贸易企业或者指定经营企业违反本条例第四十八条、第五十二条规定的，由国务院外经贸主管部门予以警告；情节严重的，可以暂停直至取消其国营贸易企业或者指定经营企业资格。

第七十条　货物进出口管理工作人员在履行货物进出口管理职责中，滥用职权、玩忽职守或者利用职务上的便利收受、索取他人财物的，依照刑法关于滥用职权罪、玩忽职守罪、受贿罪或者其他罪的规定，依法追究刑事责任；尚不够刑事处罚的，依法给予行政处分。

第八章　附　　则

第七十一条　对本条例规定的行政机关发放配

额、关税配额、许可证或者自动许可证明的决定不服的，对确定国营贸易企业或者指定经营企业资格的决定不服的，或者对行政处罚的决定不服的，可以依法申请行政复议，也可以依法向人民法院提起诉讼。

第七十二条　本条例的规定不妨碍依据法律、行政法规对进出口货物采取的关税、检验检疫、安全、环保、知识产权保护等措施。

第七十三条　出口核用品、核两用品、监控化学品、军品等出口管制货物的，依照有关行政法规的规定办理。

第七十四条　对进口货物需要采取反倾销措施、反补贴措施、保障措施的，依照对外贸易法和有关法律、行政法规的规定执行。

第七十五条　法律、行政法规对保税区、出口加工区等特殊经济区的货物进出口管理另有规定的，依照其规定。

第七十六条　国务院外经贸主管部门负责有关

货物进出口贸易的双边或者多边磋商、谈判,并负责贸易争端解决的有关事宜。

第七十七条 本条例自 2002 年 1 月 1 日起施行。1984 年 1 月 10 日国务院发布的《中华人民共和国进口货物许可制度暂行条例》,1992 年 12 月 21 日国务院批准、1992 年 12 月 29 日对外经济贸易部发布的《出口商品管理暂行办法》,1993 年 9 月 22 日国务院批准、1993 年 10 月 7 日国家经济贸易委员会、对外贸易经济合作部发布的《机电产品进口管理暂行办法》,1993 年 12 月 22 日国务院批准、1993 年 12 月 29 日国家计划委员会、对外贸易经济合作部发布的《一般商品进口配额管理暂行办法》,1994 年 6 月 13 日国务院批准、1994 年 7 月 19 日对外贸易经济合作部、国家计划委员会发布的《进口商品经营管理暂行办法》,同时废止。

中华人民共和国货物进出口管理条例
ZHONGHUA RENMIN GONGHEGUO HUOWU JINCHUKOU GUANLI TIAOLI

经销/新华书店
印刷/鸿博睿特（天津）印刷科技有限公司
开本/850 毫米×1168 毫米　32 开　　　　　　　印张/1　字数/9 千
版次/2024 年 4 月第 1 版　　　　　　　　　　　2024 年 4 月第 1 次印刷

中国法制出版社出版
书号 ISBN 978-7-5216-4452-4　　　　　　　　　定价：5.00 元

北京市西城区西便门西里甲 16 号西便门办公区
邮政编码：100053　　　　　　　　　传真：010-63141600
网址：http://www.zgfzs.com　　　　编辑部电话：010-63141673
市场营销部电话：010-63141612　　　印务部电话：010-63141606

（如有印装质量问题，请与本社印务部联系。）